SECTION ORANAISE

DE LA

Ligue

des

Droits de l'Homme

(1919-1920)

SOMMAIRE

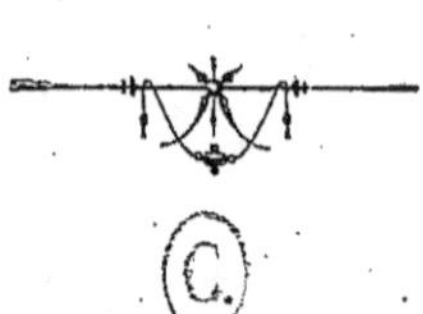

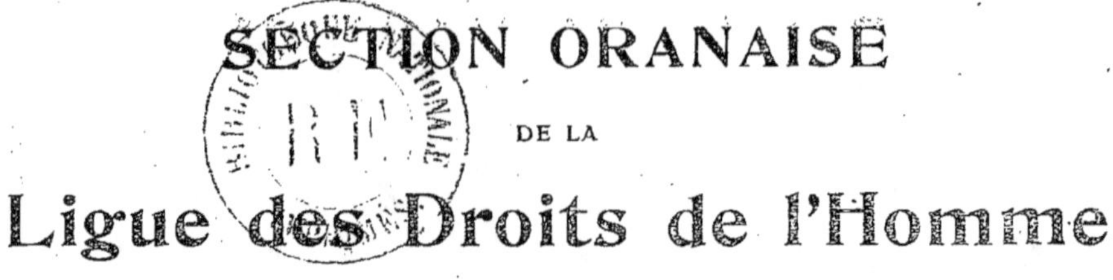

SECTION ORANAISE

DE LA

Ligue des Droits de l'Homme

(1919-1920)

RAPPORT MORAL

Année 1919-1920

I. — Comme les années précédentes, la section a été saisie de nombreuses demandes d'intervention. Presque toutes les affaires qui nous ont été soumises ont été retenues par le Comité et la plupart de nos démarches ont abouti à d'heureux résultats.

Il serait difficile de présenter un exposé complet de l'activité de la section ; il faudrait, pour cela, résumer chaque affaire, indiquer les démarches faites et faire connaître les résultats obtenus. Ce serait trop long. Certaines affaires sont d'ailleurs délicates et ne sauraient être exposées publiquement, sans qu'il résulte de graves inconvénients pour les intéressés.

II. — La diversité des questions qui ont été étudiées vous donnera une idée suffisamment nette du travail fourni : pensions militaires, retraites civiles, rappels de traitements des mobilisés, secours aux victimes de la guerre, droits des locataires, application des règlements administratifs, réintégration de fonctionnaires déplacés, suspendus ou révoqués, abus de pouvoir, telles sont les principales rubriques dans lesquelles rentrent la plupart des affaires que nous avions à solutionner.

Cette énumération est nécessairement incomplète, car elle ne comprend ni les questions d'ordre général, ni les affaires d'intérêt privé.

La Section s'est occupée de la liquidation des pensions militaires ; elle a voté des ordres du jour qu'elle a transmis au Comité central, au Ministre de la Guerre et à M. Aubry, député d'Ille-et-Vilaine, qui a fait de pressantes démarches auprès du ministre des pensions ; elle a réclamé le bénéfice des pensions pour les ascendants étrangers dont les enfants sont morts pour la France. Cette action a eu d'heureux résultats, car des milliers de malheureux, privés de ressources, ont pu obtenir des secours, des avances ou des pensions.

La Section a toujours compris l'importance de la question indigène ; elle a organisé, le 9 juin dernier, une conférence publique au cours de laquelle il a été démontré que la politique de répression préconisée à l'encontre des indigènes ne pourrait avoir que des effets désastreux pour le prestige et pour l'autorité de la France. Des télégrammes pressants ont été adressés au Comité central, à M. Ferdinand Buisson, à M. Aubry, pour les prier d'intervenir contre le projet de loi relatif à l'indigénat.

Nos cris d'alarme n'ont malheureusement pas été entendus ; le projet de loi a été voté par quelques douzaines de parlementaires qui ne devaient pas se rendre compte des conséquences fâcheuses de leur acte.

L'effroyable misère qui règne actuellement dans les tribus, l'insécurité qui en résulte prouvent que nous avions raison de réclamer des mesures de prévoyance et de protection et de dénoncer la cruauté inutile des mesures de répression.

La loi du 4 février 1919 a institué la représentation indigène dans les assemblées locales ; mais l'art. 15 du décret du 6 février en a détruit l'effet en décidant que les fonctionnaires indigènes ne seraient pas éligibles ; par une inconséquence déconcertante, les fonctionnaires les plus serviles, les caïds, sont autorisés, leur vie durant, à conserver leurs fonctions électives. C'est donc l'élite intellectuelle de la population indigène qui se trouve écartée de l'exercice de tout mandat électif. La Section a étudié cette question ; elle a voté un ordre du jour fortement motivé et demandant l'abrogation de l'art. 15 du décret du 6 février 1919.

Lorsqu'on a relevé les traitements des fonctionnaires, les diverses administrations avaient songé à priver leur personnel indigène du bénéfice de l'indemnité algérienne de 25 %. Cette mesure aurait été non seulement injuste, mais profondément maladroite, puisque les fonctionnaires européens, recrutés sur place, dans les mêmes conditions que les indigènes, devaient avoir droit à cette indemnité. Notre section a demandé que l'indemnité de 25 % fût accordée aux fonctionnaires indigènes, comme à tous leurs collègues. Le député Aubry nous a accordé tout son concours pour solutionner heureusement cette question. Un décret du 2 octobre vient d'accorder l'indemnité de 25 % aux instituteurs indigènes et nous espérons que la même mesure sera prise, si elle ne l'a été déjà, dans les autres administrations.

La Ligue des Droits de l'Homme est le suprême refuge de tous les malheureux, de tous les vaincus de la vie, de tous ceux que notre société civilisée a brutalement rejetés de son sein, sans leur laisser aucun moyen de se réhabiliter. Nous avons reçu des plaintes douloureuses de nombreux condamnés qui, tout en confessant leurs erreurs ou leurs crimes, font appel à la pitié. Nous leur avons toujours répondu en leur apportant le réconfort moral dont ils ont besoin. Sans révéler leurs noms, nous avons maintes fois fait appel à la bienveillance, aux sentiments d'humanité des autorités compétentes. Nous avons eu plus d'une fois la satisfaction d'obtenir des adoucissements en faveur de malheureux détenus.

Mais la Section ne s'est pas bornée à l'examen des affaires qui rentrent dans le cadre de son activité ; elle a donné de nombreuses consultations gratuites relatives à des matières d'ordre purement privé : questions de droit civil, administratif ou pénal, de procédure devant les divers tribunaux. Nous avons donné des conseils à tous ceux qui ont eu recours à nous, en les engageant dans la voie de la conciliation et bien des affaires délicates ont été heureusement solutionnées grâce à la bonne volonté des parties.

III. — *Nos moyens d'action.* — Les moyens dont nous avons usé varient suivant qu'il s'agit de questions d'intérêt général ou d'affaires d'ordre privé.

Pour les questions d'ordre général nous avons procédé de la manière suivante : des rapports écrits ou verbaux sont présentés au Comité et, après discussion, des ordres du jour sont adoptés ; le Bureau les communique à la presse, au Comité central et aux autorités compétentes. La publicité de nos délibérations a toujours donné de bons résultats et nous a permis bien souvent d'atteindre notre but. Les journaux locaux nous ont généralement accordé leur concours ; mais certains d'entre eux ont parfois censuré nos communiqués, soit en supprimant certains passages, soit en refusant de les publier.

Pour les affaires particulières, nous nous adressons tout d'abord aux autorités dont elles relèvent : chefs de service des diverses administrations, maire, préfet, gouverneur, général de division, etc. Nos démarches aboutissent généralement au résultat désiré ; mais nous rencontrons parfois des difficultés qui stérilisent nos efforts. Nous nous adressons alors aux autorités supérieures, aux ministres compétents, au Comité central, à des membres du Parlement.

La plupart des affaires soumises au Comité central n'ont pas toujours été examinées avec toute la célérité désirable ; nous avons dû souvent adresser de nombreux rappels pour obtenir une réponse ; certaines affaires ont été même abandonnées par notre Comité central comme n'étant susceptibles d'aucune suite et nous avons eu la satisfaction, grâce à une action locale inlassable, de les solutionner nous-mêmes d'une manière heureuse. Sans vouloir incriminer notre Comité central, nous avons le devoir de dire que nous n'avons pas toujours trouvé auprès de lui le concours que nous étions en droit d'en attendre. Nous savons que les services de la Ligue ont été surchargés de besogne, qu'ils ont été désorganisés par la guerre ; mais quand on dispose d'un personnel rétribué, de conseillers juridiques appointés, quand on a sous la main le téléphone et toutes les commodités de la grande ville, on peut et on doit fournir un effort plus grand.

Le Comité de la Section a déjà exprimé au Comité central le mécontentement qu'il a éprouvé en constatant que la Ligue a laissé rétablir l'indigénat sans qu'aucun de ses porte-paroles ait élevé la voix au Parlement. Elle sait pourtant, par les nombreux télégrammes qu'elle a reçus de tous les coins d'Algérie, qu'un régime d'esclavage allait être imposé aux indigènes. Nous avons la conviction que si notre Ligue avait fait l'action nécessaire, ce projet de loi n'aurait peut-être pas été voté.

En ce qui concerne la publicité de nos travaux, les « Cahiers » de la Ligue ne nous sont d'aucune utilité ; nos communications y sont rarement publiées et quand elles le sont, c'est beaucoup trop tard pour qu'elles gardent leur caractère d'actualité. D'ailleurs la plupart de nos sociétaires ne peuvent pas s'abonner aux Cahiers (15 fr. par an).

La presse locale nous rend de précieux services et mérite nos remerciements, mais elle n'est pas toujours en communion d'idées avec nous. Elle ne peut d'ailleurs insérer que des communiqués très courts qui ne peuvent donner qu'une idée très incomplète de nos travaux.

Il serait donc bon d'examiner la création d'un bulletin local, dût-il ne paraître qu'une ou deux fois par an. Ce serait le meilleur moyen de tenir les ligueurs au courant des travaux de leur section.

En ce qui concerne nos interventions auprès des autorités et des chefs de services des diverses administrations, nous n'avons qu'à nous louer des résultats de nos démarches; sans méconnaître les difficultés inhérentes à certaines affaires, nous devons reconnaître que nous avons généralement rencontré la plus parfaite courtoisie, un désir très sincère d'examiner nos requêtes dans un large esprit d'équité. Des démarches verbales ont été souvent nécessaires. Beaucoup de membres du Comité, retenus par leurs occupations, n'ont pu apporter leur concours dans certaines circonstances. Notre président, M. Lapeyre, notre vice-président, M. Maubon, notre camarade Goutier, ancien membre du Comité, ont fait de nombreuses démarches auprès des autorités compétentes et solutionné heureusement de nombreuses affaires.

Le Comité s'est réuni une dizaine de fois environ ; a examiné toutes les affaires qui lui ont été soumises. Le Bureau a fourni un travail considérable ; pour rédiger la correspondance et les procès-verbaux des réunions, pour instruire les affaires en cours, pour tenir la caisse à jour et recouvrer les cartes, pour donner des renseignements aux nombreuses personnes qui ont eu recours à notre Section, il a fallu ouvrir le local tous les jours, de 17 à 19 heures.

Le Président, le Secrétaire et le trésorier estiment qu'ils ont fait leur large part de besogne et ils sont résolus à laisser la place à d'autres ; mais ils ne refusent pas de rester dans le Comité, afin d'aider de leurs conseils le nouveau Bureau.

C'est à l'Assemblée générale qu'il appartient de compléter le Comité, de choisir parmi les candidats les plus compétents et les plus dévoués, de rechercher les améliorations désirables, de nous dire franchement si, comme nous le croyons, nous avons fait tout notre devoir.

Pour le Bureau et pour le Comité:

Le Secrétaire adjoint,
FACI.

Rapport approuvé à l'unanimité.

Composition du Comité et du Bureau
pour l'année 1920-21

ABDERRAHMAN, professeur au lycée, 3, rue de Nubie.

BENDREHAM Jacques, commis des P. T. T., 49, rue des Jardins.

BLANCHOT B. (Mᵉ), institutrice, 79, rue de Mostaganem.

Caulet Alfred, instituteur, 9, rue Alphonsine.

Combes Georges, agent des Ponts et Chaussées, faubourg St-Eugène.

Djian Léon, instituteur en retraite, 19, rue de Vienne.

Faci Saïd, instituteur, 23, boul. Sébastopol.

Grangier Joseph, agent des Ponts et Chaussées, 16, rue Dumanoir.

Jollivel Jules, mécanicien, Etat, à Périégaux.

Lapeyre Jean, représentant de commerce, 16, rue Beauprêtre.

Masson Léon, pharmacien-chef, Hôpital civil, rue d'Assas.

Maubon Jean, représentant de commerce, avenue Jules-Ferry, Eckmuhl.

Périllat Gaston, mécanicien P.-L.-M., 24, rue de la Gare.

Poquet père, propriétaire, 10, rue Fernand-Forest (St-Eugène).

Roussel Pierre, instituteur, 10, rue Jalras.

Salières André, agent des Ponts et Chaussées, 15, rue Alphonsine.

Tahraoui Haouari, instituteur, 31, rue de Nubie.

Teillard Louis, facteur P.-T.-T., 45, rue Pégoud (St-Eugène.

Girard Paul, instituteur, 2, rue Général-Joubert, *membre honoraire*.

Serres Jean, instituteur, boul. Gautier, *membre honoraire*.

Membres composant le Bureau

Lapeyre Jean, président ;
Blanchot B. (M°), vice-présidente ;
Djian Léon, vice-président ;
Faci Saïd, secrétaire ;
Caulet Alfred, secrétaire-adjoint ;
Abderrahman, trésorier ;
Maubon Jean, trésorier-adjoint.

Contre la Guerre

Une proposition de la C. G. T. et la réponse de la *Ligue*
Par M. Ferdinand BUISSON

Le mardi 26 octobre, le bureau de la Ligue des Droits de l'Homme recevait, sur leur demande, pour une communication urgente, le secrétaire général et les secrétaires-adjoints de la Confédération générale du Travail, MM. Jouhaux, Dumoulin, Marcel Laurent.

Voici le résumé de cette courte séance.

M. Jouhaux, confirmant les renseignements déjà donnés par la presse, nous mit au courant des tentatives de la C. G. T. pour appeler l'attention publique sur une étrange situation qui se perpétue deux ans après la cessation de la guerre. La France, qui n'est plus en guerre avec personne, dépense néanmoins des millions, peut-être des milliards, pour d'importantes opérations militaires. Elle invient en Russie, au moins par des envois d'armes et de munitions pour soutenir militairement un parti contre un autre. Attitude contraire au respect de la liberté des peuples, contraire à l'esprit comme à la lettre du traité de Versailles, contraire surtout au bon renom de la République qui semblerait s'immiscer dans la vie intérieure des Nations, comme jadis la Sainte-Alliance, pour y faire triompher la contre-révolution.

M. Jouhaux ajoute que, désirant voir participer à une série de meetings de protestation les hommes qui veulent résolument s'opposer à cette violation du droit, la C. G. T. s'adresse au parti socialiste unifié, en vue d'organiser une manifestation limitée à cet objet.

En même temps, connaissant les votes réitérés de la Ligue à cet égard, elle nous demande si nous serions disposés à prendre part à la campagne projetée pour le milieu de ce mois.

A la question de principe ainsi posée, M. Basch est prêt, dit-il, à répondre par l'acceptation, moyennant deux conditions : d'abord, il serait bien entendu que les orateurs, par un engagement d'honneur, s'interdiraient tout développement pour ou contre le bolchevisme, pour ou contre la troisième internationale, etc... Ensuite, ce ne serait pas seulement cette guerre en Russie, mais toutes les guerres que nous réprouverions unanimement en leur opposant le nouveau statut de paix universelle pour lequel l'humanité est mûre.

Les délégués de la C. G. T. répondent immédiatement que les deux conditions ne font pas de doute. En conséquence, les autres membres présents du Bureau, MM. Bouglé, Hérold, Buisson, se déclarèrent favorables à une « action commune immédiate », limitée suivant les termes mêmes de la proposition, à une série de meetings sur le programme tel qu'il vient d'être défini. Tous ajoutèrent naturellement, sur l'observation de M. Guernut, que leur rôle se bornerait à porter la question avec l'avis favorable du Bureau devant le Comité Central, seul compétent pour statuer définitivement. De part et d'autre, on fait d'ailleurs remarquer qu'il ne peut s'agir pour le moment que de l'adhésion au principe, tous les détails d'exécution devant être réglés par les délégués que désigneront les trois organisations si elles acceptent cette collaboration temporaire.

Le vendredi 29 avait lieu la séance du Comité Central.

Le prochain numéro des *Cahiers* en donnera le compte rendu complet. On y verra avec quel soin les différents points de vue ont été envisagés, et combien les divergences mêmes qui se sont produites ont contribué à éclairer chacun des membres. On reconnaîtra sans peine, croyons-nous, la valeur des motifs qui ont déterminé le vote favorable du Comité Central.

En attendant que nos lecteurs puissent se faire à leur tour une opinion et sans rien préjuger de leurs impressions personnelles, nous croyons devoir, dès à présent, appeler leurs réflexions sur le fond et sur la forme des questions dont la Ligue s'est ainsi trouvée inopinément saisie.

Commençons par les questions de forme qui sont secondaires, mais sur lesquelles il faut s'expliquer pour déblayer en quelque sorte le terrain du débat.

Où, comment et dans quelles conditions seront organisées les réunions projetées ? Seront-elles annoncées par un manifeste rédigé en commun ? Suffira-

t-il d'un ordre du jour uniforme présenté à toutes les réunions ? Comment assurera-t-on à chacun des groupes participant à cette œuvre momentanée de « coalition républicaine » la certitude de garder avec ses convictions propres l'intégralité de son programme ? Quels seront dans le pays, dans les associations de tout ordre, dans la presse, les groupes ou les personnalités qui pourraient demander ou que nous pourrions inviter à prendre part à cette manifestation, laquelle ne doit absolument pas être celle d'un parti ? Comment présenter au public français, au lieu d'un programme verbal et des déclarations tapageuses, l'énoncé méthodique de vœux réfléchis susceptibles d'application ? Jusqu'où vont les droits jusqu'ici reconnus du travailleur pour s'opposer à une expédition militaire illégale ? En quelle forme peuvent se constituer des comités d'action qui soient en mesure de se faire entendre du pays, peut-être même du Parlement ?

Ces questions et d'autres, sans doute non moins délicates, ne peuvent être ni résolues ni même posées que par la réunion des délégués chargés de mener à bien l'exécution du projet.

Mais avant d'aborder l'examen des voies et moyens de réalisation, c'est sur la *question de fonds* qu'il fallait prendre parti.

A la proposition qu'elle venait de recevoir, la Ligue devait-elle répondre sur le champ par le refus ou par l'acceptation ?

Ces deux réponses étaient possibles.

L'une consistait à dire :

« Nous n'avons pas attendu l'invitation de la C. G. T. pour nous prononcer. Les ordres du jour du Comité Central, les votes de nos Congrès ont dit assez haut l'unanimité de près de cent mille ligueurs contre toute violation du droit des peuples, surtout contre celle qui ne peut procéder que par des voies indirectes et inavouées.

« Ce qu'elle a fait, la Ligue continuera à le faire, à sa manière et dans ses formes, devant son public, en choisissant son heure, en mesurant la portée de ses actes. Il est juste que chaque groupe-

ment prenne la responsabilité de ce qu'il
fait et de ce qu'il dit, mais non pas de ce
que d'autres pourront dire ou faire. Action parallèle, oui ; action commune,
non »,

Cette réponse, assurément correcte,
était la plus simple, la plus sûre. Elle re-
présentait la ligne du moindre effort.
Pourquoi n'a-t-elle pas prévalu ? Pourquoi, cette fois, avons-nous préféré, suivant une belle parole de Pressensé, « vivre dangereusement » ?

Disons-le sans détour.

Voilà vingt ans que la Ligue existe. Née
de l'affaire Dreyfus, elle aurait pu dis-
paraître avec elle. Mais c'est une solu-
tion que personne parmi nous n'a un
instant admise. Quoi donc ? Notre mo-
deste association était-elle déjà prise par
l'envie de se survivre, par je ne sais quel
besoin de durer pour durer ? Non. Elle
obéissait à une raison autrement pro-
fonde.

C'est que, même au plus fort du grand
drame qui nous a si longtemps tenus
dans l'angoisse, nous avions entr'ouvert
nos portes à d'autres clients. Et, peu à
peu, nous avions vu surgir des milliers
de réclamations obscures, tantôt négli-
geables, semblait-il, par leur petitesse,
tantôt surprenantes par leur audace in-
génue, la plupart effrayantes par la dis-
proportion entre l'infimité de leur objet
et l'étendue de l'effort qu'elles suppo-
saient, presque toutes supposant finale-
ment un remaniement des bases mêmes
de la Société.

Ainsi, à mesure que grossissait la foule
de ces humbles qui venaient naïvement
nous demander justice en nous exposant,
pleins de confiance, toute une série de
« droits de l'homme » qu'aucune loi n'a-
vait prévus, à mesure que nous descen-
dions patiemment dans les ténèbres de
tant de vies misérables que nous ne soup-
çonnions pas si près de nous, il arrivait
que nous nous instruisions malgré nous.
Nous apprenions à mieux écouter les
plaintes. Et un jour ou l'autre, nous de-
vions nous avouer tout bas que notre
monde n'a que l'apparence de la démocratie, tant sa mince couche de civilisa-

tion recouvre encore de souffrances im-
méritées, d'infortunes nullement inévi-
tables, d'inégalités nullement nécessaires, de malentendus, d'ignorances et
d'imprécisions avec qui se traduisent en
injustices, des lacunes douloureuses dans
le développement de l'individu qui ne
sont que des lacunes dans la solidarité
sociale.

Bref, nous découvrions, comme on l'a
dit tant de fois, qu'il y a une affaire
Dreyfus partout où il y a un travailleur
rivé à la loi du plus fort, un pauvre à la
merci d'un riche, un exploiteur qui ne
s'aperçoit même pas qu'il exploite, un
exploité qui se résigne à l'être, partout
où le faible, l'enfant, la femme, le vieil-
lard, le malade, le chômeur, l'indigent
est abandonné à son sort faute de secours
que lui doit la Société.

Et à la longue, de cette poussière d'in-
finiment petits se dégageait devant nous
la vision de la Société telle qu'elle est, si
bien que, cessant de considérer isolément
chacun de ces malheureux, nous voyions
se dresser, comme pour les représenter
ensemble, la grande figure du prolétariat
réclamant sa place dans une démocratie
fraternelle.

En face de ce que nous avions vu, il
ne nous était plus possible de rester neu-
tres, plus possible de soutenir ce men-
songe : « il n'y a plus de classes ». Il
nous fallait donc aboutir au seul moyen
de supprimer la lutte des classes : supprimer les classes en faisant du travail
la source et la raison d'être de la pro-
priété.

Que les ouvriers aient connu cette évo-
lution des esprits dans une Ligue fondée
sans aucun esprit de parti pour la seule
défense des droits de l'homme, qu'après
nous avoir vus à l'œuvre depuis tant
d'années le plus grand organe du syndicalisme français n'ait pas hésité à nous
faire l'honneur de solliciter notre concours public dans une œuvre où il nous
sait déjà aussi engagés que lui, c'est la
meilleure preuve de la clairvoyance et
de la largeur d'esprit que la réaction dé-
nie au monde des travailleurs.

A cet appel, nous voulons répondre

sans rien changer à nos principes. Nos méthodes sont de celles qui conviennent aussi bien à l'action qu'à la parole : celui-là n'est pas digne de parler qui n'est pas prêt à agir comme il parle. Sur l'estrade où, comme il y a vingt ans, nous paraîtrons côte à côte avec des hommes dont nous ne partageons pas toutes les idées politiques, économiques sociales, nous resterons ce que nous sommes : la Ligue des Droits de l'Homme et du Citoyen, sans rien ajouter ni rien retrancher à notre programme.

Mais, du moins, il ne sera pas dit que, conviés à un acte de solidarité sur un point capital et bien défini, nous nous y soyions dérobés ou par orgueil ou par prudence. Ouvertement et publiquement, nous irons, sans plus, joindre notre protestation à celle des travailleurs organisés, voulant comme eux user de notre droit, comme eux remplir notre devoir et ,s'il y a un péril a courir, le courir avec eux et comme eux. A ce prix seulement, nous méritons d'être écoutés à notre tour. Si nous voulons encore pouvoir combattre les aberrations de la démagogie, il faut qu'on nous ait vus d'abord tenir tête à celles du militarisme triomphant.

F. Buisson.

Droit syndical des Fonctionnaires

Ordre du jour du Comité Central

La Ligue des Droits de l'Homme,

« Considérant que la loi de 1884 n'interdit pas aux fonctionnaires de se syndiquer ;

» Considérant que M. Waldeck-Rousseau, auteur de la loi, a reconnu qu'il était permis aux fonctionnaires de choisir la forme syndicale de groupement prévu par cette loi de 1884 ;

» Considérant qu'à d'innombrables reprises, les gouvernements successifs ont admis en fait l'existence des syndicats de fonctionnaires et ont reçu en audience officielle les délégués des syndicats existants ;

» Considérant que le ministère actuel, » après beaucoup d'autres, a déclaré, au mois de mars de cette année, par la voix de M. Jourdain, ministre du travail, que, jusqu'au vote du projet de loi sur le statut des fonctionnaires, le statu-quo serait observé et les syndicats des fonctionnaires tolérés ;

» Conclut :

» Qu'en poursuivant aujourd'hui la dissolution des syndicats de fonctionnaires, le Gouvernement ne commet pas seulement une illégalité, mais une déloyauté ; qu'il est sans exemple qu'un gouvernement intente des poursuites en vertu non d'une loi, mais d'un projet soumis aux Chambres ;

» Qu'en poursuivant d'abord, en forgeant ensuite l'instrument juridique, autorisant les poursuites, le Gouvernement montre qu'il entend que la loi lui soit soumise, alors que son premier devoir est de se soumettre aux lois.

» Le Comité Central, fidèle aux principes élémentaires du droit républicain, proteste contre cet abus de la force ;

» S'engage à le dénoncer par une campagne de presse et de meetings. Assure les fonctionnaires syndiqués de son appui total. »

Le Droit syndical
et le Statut des Fonctionnaires

Dédié au Camarade Louis BOUËT

Secrétaire général de la Fédération des Syndicats confédérés de l'enseignement, instituteur révoqué pour action syndicale, *en témoignage de mon affectueuse sympathie.*

Faci.

Quand les fonctionnaires réclament le droit syndical, on croit communément que cette revendication présente un caractère exorbitant.

Il y a 36 ans, le droit d'association syndicale a rencontré une vive opposition aussi bien au Parlement que dans le public. La loi du 21 mars 1884 reconnaît le droit syndical à tous les travailleurs, et les patrons en ont d'ailleurs profité dans une mesure plus large que les ouvriers.

Il a fallu plus d'un siècle de lutte pour conquérir le droit syndical. Une loi qui remonte à 1791, dite loi Chapelier, interdit, sous des pénalités sévères, toute coalition ouvrière ; plus tard, la même interdiction fut étendue, avec moins de sévérité, aux coalitions patronales. La loi du 25 mai 1864 édicte des pénalités sévères contre toute atteinte à la liberté du travail, contre les coalitions ouvrières et, théoriquement, contre les coalitions patronales. Ces interdictions et ces pénalités se trouvent dans les art. 291, 292, 293, 414 et 416 du Code pénal qui, sauf l'art. 414, ont été abrogés par les lois du 21 mars 1884 et du 1er juillet 1901.

Loi du 21 mars 1884

Dans la pensée de son auteur, W. Rousseau, cette loi devait conférer le droit syndical à tous les citoyens, sauf à une catégorie de fonctionnaires appelés fonctionnaires d'autorité, tels que les agents de la force armée, les commissaires de police, les préfets, les magistrats et les militaires de tout ordre.

Il serait, en effet, dangereux, pour l'ordre public, d'accorder le droit syndical aux fonctionnaires qui détiennent l'autorité et la force publiques, qui, en toute occasion, peuvent requérir la force armée. Mais en dehors des fonctionnaires d'autorité, la loi de 1884 reconnaît le droit syndical à tous les citoyens.

Voici d'ailleurs l'opinion du rapporteur de la loi au Sénat :

« On a cru tout d'abord, parce que la Commission s'était servie des mots « syndicats professionnels » qu'elle voulait en *restreindre, limiter et circonscrire* l'application aux seuls ouvriers qui *travaillent manuellement. Jamais elle n'a eu une telle pensée* ; elle espère, bien au contraire, que la loi qui vous est soumise est une loi *très large dont se serviront un très grand nombre de personnes* auxquelles tout d'abord on n'avait pas pensé : les *gens de bureaux,* par exemple, les comptables, commis, *employés de toute*

espèce. » (Sénat, *Journal Officiel,* 1884, page 451).

C'est ainsi qu'il s'est constitué des syndicats patronaux et ouvriers dans tous les domaines de l'activité nationale : syndicats industriels, commerciaux et agricoles.

Dans les professions libérales, il existe également de nombreux syndicats. La loi du 30 décembre 1892, par exemple, accorde aux médecins le droit syndical ; il existe aussi des syndicats de pharmaciens.

L'Ordre des avocats peut être, à juste raison, considéré comme le plus puissant des syndicats : nul, en effet, ne peut exercer la profession d'avocat s'il n'est agréé par l'Ordre des avocats qui, d'ailleurs, peut prendre contre ses membres des mesures disciplinaires très sévères, pouvant aller jusqu'à la radiation.

L'art. 9 de la loi du 12 mars 1920 accorde le droit syndical à tous ceux qui exercent des professions libérales. Le droit syndical n'appartient donc pas seulement aux travailleurs manuels, mais à tous les citoyens.

L'art. 3 de la loi du 21 mars 1884, qui a une portée tout à fait générale, définit ainsi l'objet des syndicats : « Les syndicats professionnels ont exclusivement pour objet l'étude et la défense des intérêts économiques, industriels, commerciaux et agricoles. »

Il y a, dans ce texte, un mot qui présente une extrême importance pour les fonctionnaires : c'est le mot *économiques.* Il est incontestable, en effet, que les fonctionnaires ont des intérêts professionnels à défendre et qui, souvent, dépassent le cadre de la profession elle-même. Toutes les questions relatives au fonctionnement et à la gestion des services publics sont intimement liées à la situation matérielle et morale des fonctionnaires. Puisque nous avons des intérêts économiques à défendre, nous rentrons bien dans le cadre de la loi de 1884. Il est donc faux de prétendre que les syndicats de fonctionnaires sont illégaux. Le Gouvernement et la presse, pour tromper plus sûrement l'opinion publique, n'ont pas hésité à tronquer le texte de l'art. 3, en supprimant dans tous les communiqués publiés, le mot *économiques*. C'est là un procédé déloyal de nature à révolter la conscience des fonctionnaires si le « bourrage de crâne » qui a sévi depuis 1914 n'avait pas porté une grave atteinte au jugement et au sens moral de ce qu'on appelle ordinairement l'opinion publique.

Interprétation de la loi de 1884

La loi de 1884 a vu l'éclosion de nombreux syndicats patronaux et ouvriers. Les fonctionnaires, de tout temps soumis à des règlements étroits, n'ont pas osé ou n'ont peut-être même pas songé à réclamer le bénéfice de la loi de 1884. Mais, dès 1894, le Gouvernement, appelé à se prononcer sur le droit syndical des fonctionnaires, prit une attitude nettement hostile. M. Millerand, qui professait alors des idées socialistes, était d'avis que les employés de l'Etat ne devaient pas être exclus du bénéfice de la loi de 1884. C'est M. Millerand qui, en 1894, déposa l'ordre du jour suivant : « *La Chambre, considérant que la loi de 1884 s'applique aux ouvriers et employés de l'Etat, aussi bien qu'aux Compagnies et industries privées, invite le Gouvernement à la respecter et à en faciliter l'application.* » (22 mai 1894).

L'ordre du jour fut adopté et le Ministère Casimir Périer, mis en minorité, fut obligé de donner sa démission.

C'est le même M. Millerand, socialiste repenti, qui, acquis aux idées ultra-réactionnaires du bloc national, engagea, en l'an de grâce 1920, des poursuites contre la C. G. T. et les syndicats de fonctionnaires !

En 1909, M. Barthou rapporta un projet de loi dont les conclusions furent favorables aux syndicats de fonctionnaires ; mais les gouvernements qui se sont succédé depuis vingt ans ont toujours cherché à éluder la question.

En 1919, la Chambre vota, sur l'initiative du Gouvernement, un projet de loi reconnaissant le droit syndical aux fonctionnaires ; mais, sur l'opposition de M. Chéron, rapporteur, le Sénat vota la disjonction de l'article établissant le droit syndical des fonctionnaires ; ce projet, ainsi amputé, devint la loi du 12 mars 1920, dont l'art. 9, paragraphe 2,

réserve la question de notre droit syndical.

Au cours de la discussion de cette loi, M. Ernest Lafont, député de la Loire, intervint pour demander au Gouvernement de préciser la situation des syndicats de fonctionnaires déjà existants.

M. Jourdain, ministre du travail, parlant au nom du Gouvernement, déclara à la Tribune de la Chambre, le 11 mars 1920, que « le statu quo en fait et en droit » devait être maintenu en faveur des syndicats de fonctionnaires jusqu'au vote d'une loi nouvelle. Cette promesse ne fut qu'un « chiffon de papier » ; le Gouvernement, oubliant l'engagement solennel qu'il prit devant la Chambre, n'hésita pas, quelques mois après, à ordonner des poursuites contre les syndicats de fonctionnaires. Il n'y a pas là seulement violation de la parole donnée, il y a un acte arbitraire portant la plus grave atteinte à la légalité et à la souveraineté du Parlement.

Attitude des Syndicats de fonctionnaires

Les mesures d'intimidation et les coups de force du Gouvernement ont incité à la résistance les syndicats de fonctionnaires. La Fédération postale et la Fédération des syndicats confédérés de l'enseignement refusèrent, dès le début des poursuites, d'obtempérer aux ordres du Gouvernement. Les secrétaires des syndicats confédérés de l'enseignement, réunis à Bordeaux le 14 et le 15 août, ont décidé, à l'unanimité, de résister aux menaces gouvernementales.

Dès le mois de juillet, un Comité interfédéral fut institué à Paris pour défendre le droit syndical. Ce Cartel comprend la Fédération des fonctionnaires, la Fédération postale et les deux Fédérations des syndicats de l'enseignement. La Ligue des Droits de l'Homme a décidé récemment de prêter le plus large appui au Comité interfédéral. Ainsi, le coup de force du Gouvernement, loin d'effrayer les fonctionnaires, a produit un résultat tout opposé à celui qu'on espérait obtenir en haut lieu ; les fonctionnaires ont compris la nécessité de se grouper, de rassembler toutes leurs forces pour défendre leur liberté syndicale et leur avenir. La résistance s'étend même aux fonctionnaires non syndiqués et aux syndicats nettement réactionnaires ; tous comprennent le danger qui pourrait résulter du vote d'un statut draconien qui mettrait les serviteurs de l'Etat sous l'autorité absolue du pouvoir politique, qui les ravalerait au rang d'esclaves. Le droit d'association serait illusoire si les employés de l'Etat étaient placés hors du droit commun. Les syndicats de fonctionnaires, anciens et nouveaux, ont la certitude d'être dans la légalité ; malgré les brimades, malgré les mesures disciplinaires dont leurs militants sont menacés, malgré les révocations déjà prononcées, ils résisteront. C'est que les persécutions ont toujours fortifié les idées, augmenté le nombre de leurs adeptes et intensifié les convictions. Autrefois, on brûlait les hérétiques et l'hérésie a pourtant triomphé contre l'orthodoxie intransigeante et brutale. De même, l'idée syndicale triomphera dans la mesure même où elle nécessitera des sacrifices de la part de ses défenseurs.

Objections opposées au droit syndical des fonctionnaires

Le Gouvernement, soutenu par les organisations capitalistes, par la grande presse et par toutes les forces de réaction, a toujours manifesté le désir de domestiquer les fonctionnaires. Une formidable campagne de dénigrement systématique, dirigée contre les syndicats de fonctionnaires, a fait naître dans l'opinion publique un mouvement d'hostilité contre les serviteurs de l'Etat.

On a fait croire que le droit syndical des fonctionnaires n'a d'autre but que l'arrêt des services publics, la suspension de la vie économique du pays par la grève générale, la révolution, l'insurrection et la dictature du prolétariat. La presse nationaliste et réactionnaire répète à satiété que l'idée syndicale est d'essence bolcheviste, que les militants syndicalistes n'agissent que sur les ordres venus de Moscou, qu'ils reçoivent des fonds de Lénine, de Trotsky et des Allemands. De telles absurdités nous feraient sourire, si nous ne connaissions la crédulité des foules, la mauvaise foi de nos adversaires, l'égoïsme et la férocité des exploiteurs de tout acabit, prêts à se débarrasser, par tous les moyens, de ceux qui les gênent dans leurs honteux trafics. C'est la panique bolcheviste qui a fait élire la Chambre ultra-réactionnaire du Bloc National ; c'est de la même arme que l'on se sert pour discréditer le syndicalisme. Nous sommes résolus à défendre nos idées, non par la violence, non par les injures et la calomnie, mais en faisant uniquement appel à la raison.

On dit que les fonctionnaires ne peuvent pas avoir le droit de grève. Mais la grève n'est pas et n'a jamais été un *droit;* c'est un fait, une nécessité résultant de circonstances extrêmes. On fait grève quand on ne peut pas faire autrement, de même qu'on use d'une arme, bien que le port d'arme soit prohibé, lorsqu'on est en cas de légitime défense. La loi de 1884 n'a proclamé le droit de grève dans aucun de ses articles. Nous n'avons jamais demandé le droit de grève, et le droit syndical n'implique nullement la cessation du travail. On a vu des ouvriers faire grève sans avoir une association ; en 1909, on a vu les postiers faire grève, alors qu'ils n'étaient pas syndiqués, tandis qu'ils n'ont pas encore fait grève, quoique leur association ait été transformée en syndicat depuis bientôt deux ans. Il n'y a donc aucune corrélation entre le droit syndical et le recours à la grève.

Il faut d'ailleurs remarquer que les patrons usent fréquemment du lock-out qui, au point de vue économique, est au moins aussi désastreux que la grève. Un patron, par le seul fait de sa volonté, peut fermer son usine, réduire à la misère des centaines ou des milliers de travailleurs, et tout le monde, sauf les victimes, trouve licite un acte aussi monstrueux. Un patron peut restreindre la production, renvoyer ses ouvriers et personne ne songe à l'accuser d'arrêter la vie économique du pays. Jamais la police, ni l'armée, ni la justice n'ont arrêté, jugé ou condamné ceux qui pratiquent le malthusianisme economique, qui réduisent la production pour vendre plus cher, qui peuvent même l'arrêter complètement pour écouler plus facilement et plus avantageusement leurs stocks. Et on traque les ouvriers, on les arrête, on les emprisonne, lorsqu'ils réclament et qu'ils s'efforcent d'obtenir, par la grève, des salaires qui leur permettent de vivre et de faire vivre leurs familles ! Ainsi, les coalitions ouvrières son jugées illicites, préjudiciables à l'intérêt public, tandis que les coalitions patronales, même quand elles portent la plus grave atteinte à la vie nationale, sont considérées comme licites, comme normales, parce qu'elles sont utiles au maintien de l'ordre social et aux privilèges de castes.

La grève des fonctionnaires n'est pas aussi dangereuse à la vie nationale que les grèves d'industrie, ouvrières ou patronales. Les grèves des mines, des transports, de la boulangerie, de la boucherie, sont plus dangereuses que celle de n'importe quel service public.

Beaucoup de fonctionnaires, tels que les membres de l'enseignement, les employés de bureau des diverses administrations, pourraient se mettre en grève sans troubler la vie nationale, parce que leurs fonctions ne répondent pas à des besoins immédiats. Cependant, la grève des mines, celle des services des transports ou des industries alimentaires n'inquiètent ni les pouvoirs publics, ni la grande presse, ni les masses populaires. Seule, la grève des fonctionnaires est considérée comme étant contraire à l'ordre public. L'argument tiré de la grève, opposé au droit syndical des fonctionnaires, n'a donc aucune valeur ni en fait ni en droit.

On nous dit encore que l'affiliation des syndicats de fonctionnaires aux Bourses du Travail et à la C. G. T. ne peut avoir qu'un but révolutionnaire par l'entente entre travailleurs manuels et travailleurs intellectuels, en vue d'une grève générale qui paralyserait la vie de la Nation.

Les faits donnent un formel démenti à cette assertion tendancieuse.

La loi de 1884 a vu l'éclosion de milliers de syndicats patronaux et ouvriers. Les syndicats patronaux détiennent la majeure partie de la richesse nationale; les syndicats ouvriers, groupés dans les Unions départementales et à la C. G. T.,

comptent des millions et des millions de travailleurs qui assurent l'existence du pays et qui peuvent, d'un jour à l'autre, imposer leur volonté aux pouvoirs publics. Or, toutes ces organisations, dont la puissance formidable augmente chaque jour, n'ont inspiré jusqu'ici aucune crainte ni aux gouvernants, ni à la grande presse, ni au public. Seuls les syndicats de fonctionnaires seraient dangereux.

Pour peu qu'on veuille se donner la peine de réfléchir, on est obligé de convenir que l'affiliation des fonctionnaires aux Bourses du Travail et à la C. G. T., loin d'être dangereuse pour l'ordre public, serait, au contraire, de nature à servir l'intérêt public.

En effet, les rouages de la machine sociale sont, non entre les mains des Ministres et des phraseurs politiciens, mais entre les mains des travailleurs manuels et intellectuels, qui, seuls, sont de vrais producteurs. Tous les organismes qui concourent à la vie nationale sont étroitement solidaires, ils se complètent les uns les autres, ils s'appuient les uns sur les autres, ils ne peuvent se passer les uns des autres ; il ne doivent donc pas s'ignorer. On conçoit dès lors que la collaboration des travailleurs intellectuels avec les travailleurs manuels, ne peut avoir que d'heureux résultats pour la collectivité.

Le malaise social actuel résulte de la mauvaise organisation des moyens de production, de l'utilisation défectueuse des forces de production, de la mauvaise répartition des produits. Les richesses nationales sont accaparées par des classes incapables et jouisseuses; un effroyable gâchis règne dans les services publics et privés qui sont livrés au pillage ou à la rapacité d'exploiteurs qui édifient des fortunes scandaleuses sur la misère publique.

La collaboration des fonctionnaires avec les ouvriers est susceptible de mettre de l'ordre, d'assurer l'économie et l'organisation méthodiques dans les services publics et privés, au grand profit de la collectivité.

En ce qui concerne spécialement les services publics, nul n'ignore qu'ils sont dans un état déplorable, parce qu'ils sont livrés aux fantaisies de chefs incompétents et irresponsables qui, le plus souvent, ne doivent leur situation qu'à l'intrigue. Le favoritisme et l'arbitraire règnent en maîtres absolus dans la plupart des administrations publiques ; le vrai mérite y est méconnu et parfois bafoué, tandis que la médiocrité et la servilité, voire même la bassesse, y sont d'un prix inestimable.

Les syndicats de fonctionnaires peuvent seuls mettre de l'ordre dans les affaires publiques; ils ont, dans leur sein, toutes les compétences, tous ceux qui travaillent et produisent vraiment, toutes les forces d'organisation et d'exploitation rationnelles ; ils connaissent les moyens les plus efficaces pour remédier aux imperfections et aux défectuosités qui entravent le fonctionnement des services administratifs. Place aux compétences.

Oui, nous n'hésitons pas à proclamer que les syndicats de fonctionnaires veulent assumer leur part dans la gestion rationnelle et productive des services publics, qu'ils entendent se débarrasser de tous les incapables, de tous les parasites, si haut placés qu'ils soient, qui paralysent leurs efforts et discréditent les plus consciencieux et les plus dévoués des serviteurs de l'Etat.

Voilà le but que veulent poursuivre les syndicats de fonctionnaires: c'est une œuvre de réorganisation sociale et de relèvement économique du pays. Ils ont besoin, pour atteindre ce but, de la collaboration de tous les travailleurs manuels, ils ont besoin de l'appui de cette opinion publique éclairée qui a su résister à l'effroyable « bourrage de crâne » qui a égaré tant d'esprits sains et de consciences droites.

Les fonctionnaires, conscients de l'importance de leur rôle économique et social, résisteront à toutes les menaces, à tous les coups de force ; ils sauront, coûte que coûte, défendre leur liberté syndicale et leurs libertés de citoyens. Ils resteront syndiqués, ils formeront de nouveaux syndicats, ils iront aux Bourses du Travail et à la C. G. T. Serviteurs de la nation, ils auront le souci des intérêts publics dont ils ont la charge, mais ils ne veulent plus être à la remorque des partis politiques, ils ne veulent plus être asservis aux gouvernements qui passent et qui tiennent leur pouvoir des classes privilégiées.

Les syndicats de fonctionnaires et la politique

On prétend que les syndicats de fonctionnaires font de la politique, au lieu de se borner à défendre uniquement leurs intérêts professionnels. C'est là une accusation qui ne repose sur aucun fait. Nous affirmons que les fonctionnaires syndiqués ne font pas de politique, parce qu'ils comptent uniquement sur l'action syndicale pour faire aboutir leurs revendications. Au contraire, les fonctionnaires non organisés, sentant leur faiblesse, cherchent des appuis dans les partis politiques. Un député, qui est loin d'être acquis à nos idées, nous disait récemment que beaucoup de fonctionnaires lui avaient adressé des demandes de recommandation, et il nous priait d'intervenir auprès des intéressés pour les engager à demander l'intervention de leurs syndicats professionnels. Aucun de ces solliciteurs n'était syndiqué.

Nos syndicats ont toujours déclaré qu'ils ne veulent être à la remorque d'aucun parti politique ; ils sont complètement indépendants du parti socialiste dont le programme économique est pourtant voisin de celui de la C. G. T.

Mais, en refusant aux fonctionnaires le droit syndical, c'est-à-dire les seuls moyens efficaces d'échapper au favoritisme et à l'arbitraire, on les obligera fatalement à se mettre au service des politiciens, soit pour satisfaire leurs ambitions, soit pour s'assurer des appuis afin d'échapper aux sanctions qu'ils pourraient encourir.

Ainsi le syndicalisme, loin d'inciter les fonctionnaires à faire de la politique, les poussera à s'organiser, à défendre eux-mêmes au grand jour leurs intérêts particuliers, les intérêts de leurs corporations et même les intérêts du public.

Mais si les fonctionnaires répudient la politique des partis, la politique électorale, ils n'entendent pas rester indifférents aux problèmes de transformation sociale. Tous les citoyens, et plus particulièrement ceux qui contribuent à la vie nationale, ont le droit et même le devoir de réclamer les réformes susceptibles de réaliser un état social meilleur. Les fonctionnaires sont bien qualifiés pour faire des suggestions utiles en ce qui concerne le fonctionnement et la gestion des services publics qui leur sont confiés ; en cette matière, c'est leur avis, et non celui des politiciens incompétents, qui devrait prévaloir. Tous les problèmes économiques et financiers intéressent les fonctionnaires autant que les autres citoyens.

Ainsi, nous avons protesté contre l'impôt sur les salaires et les traitements, nous avons même refusé de le payer, parce qu'il frappe lourdement les classes laborieuses, sans atteindre suffisamment les classes possédantes. Avons-nous fait de la politique ?

Nous avons protesté contre les monopoles accordés à des Compagnies privées, aux dépens de la collectivité, nous avons réclamé avec les Cheminots et la C. G. T., la nationalisation des chemins de fer et des mines. Avons-nous fait de la politique ?

Nous avons protesté et nous protestons encore contre les guerres meurtrières et ruineuses, semeuses de larmes, de deuils et de misères, contre les expéditions coloniales qui, au nom d'une prétendue civilisation capitaliste, réduisent en esclavage des millions de malheureux pour permettre aux entreprises financières d'édifier des fortunes. Avons-nous fait de la politique ?

Mais qu'est-ce que donc la *politique* ? Quel est son critérium ? Où commence-t-elle et où finit-elle ?

Nous attendons qu'on réponde à ces questions.

Le statut des fonctionnaires

Qu'est-ce qu'un statut ? C'est, en l'espèce, l'ensemble des règles qui fixent les droits et les devoirs des fonctionnaires. Il existe, dans toutes les administrations, des règlements qui déterminent les obligations de chaque catégorie de fonctionnaires ainsi que les avantages dont ils doivent jouir : recrutement, traitements, avancements, congés, retraites, répartition des services, peines disciplinaires, etc.

Mais ce n'est pas dans ce sens que le mot statut est pris dans le projet du Gouvernement. Il s'agit d'un statut politique qui supprime ou restreint une partie de nos libertés publiques ou privées.

Les fonctionnaires ont longtemps réclamé des garanties contre le favoritisme et l'arbitraire qui règnent dans la plupart des administrations publiques. Mais les faits ont déjà maintes fois démontré que le meilleur statut, même entendu dans ce sens restreint, ne suffirait pas pour faire régner l'équité dans les services publics. Seul, l'exercice du droit syndical nous paraît susceptible de mettre fin au gâchis et au népotisme. Il appartiendra donc à nos associations syndicales de réaliser, avec la collaboration de toutes les compétences, les réformes nécessaires.

Le projet de statut, tel quil est conçu par le Gouvernement, c'est la négation absolue du droit syndical des fonctionnaires, c'est une dérogation au droit commun.

Au point de vue juridique, il est *nul*, parce qu'il a été établi sans la collaboration des intéressés et parce qu'il est contraire aux lois qui règlent les rapports des employeurs avec leurs employés. Les fonctionnaires sont des salariés de l'Etat. Dans l'industrie, dans le commerce, dans l'agriculture, dans toutes les entreprises privées, les patrons et les ouvriers discutent librement les conditions du travail et signent des *contrats* qui fixent les obligations et les garanties respectives des parties. Il ne saurait en être autrement lorsqu'il s'agit des fonctionnaires. Or, le Gouvernement a la prétention de nous imposer, en violation de tous les règlements existants, en violation de toutes les garanties de droit commun, un *statut dont nous n'avons pas été appelés à discuter les dispositions* ; ce statut est *juridiquement nul*.

Il est nul pour d'autres raisons : *il renferme des clauses contraires à l'ordre public*.

En effet, l'art. 11 du projet dispose que:

« *Aucun fonctionnaire ne peut, en dehors du cas d'excuse légitime, cesser son service avant d'avoir obtenu l'agrément de l'autorité supérieure.*

» *Toute infraction à cette règle peut donner lieu à l'application des peines disciplinaires prévues à l'art. 8.*

» *En cas de cessation concertée ou simultanée du service, les fonctionnaires coupables peuvent être frappés sans l'intervention des juridictions disciplinaires.* »

Cette disposition est contraire à l'art. 1780 du code civil d'après lequel :

« *On ne peut engager ses services qu'à temps, ou pour une entreprise déterminée.*

» *Le louage des services, fait sans détermination de durée, peut cesser par la volonté d'une des parties contractantes...* » sauf paiement de dommages-intérêts à la charge de la partie défaillante.

Ainsi, en droit commun, nul ne peut engager ses services à vie. Pour les fonctionnaires, le Gouvernement veut rétablir *l'esclavage* en édictant contre eux des pénalités sévères en cas de cessation du travail. L'art. 11 du projet ne vise pas seulement, comme on serait tenté de le croire, le cas de grève ; il ne vise pas uniquement, en effet, « le cas de cessation concertée », mais aussi « le cas de cessation simultanée » du service. C'est une *véritable disposition draconienne* qui ne saurait être admissible, même si elle ne s'appliquait qu'au cas de grève.

Si la grève est illicite, elle doit être interdite à tous les citoyens ; si elle est permise dans l'industrie privée, il n'y a aucune raison de l'interdire uniquement aux fonctionnaires.

L'art. 21 du projet apporte une importante dérogation au droit commun. Les puissants syndicats de patrons et d'ouvriers peuvent constituer des fédérations et adhérer à la C. G. T. ou à des cartels qui dictent leurs volontés au Gouvernement et à la presse réactionnaire et capitaliste ; les syndicats de fonctionnaires doivent rester isolés pour qu'ils soient dans l'impossibilité d'entreprendre toute action efficace.

Le projet prévoit tout un arsenal de peines disciplinaires : blâme, radiation du tableau d'avancement, déplacement disciplinaire, rétrogradation, mise en disponibilité, révocation, pour fautes professionnelles ; amende de 16 à 1.000 francs, et, en cas de récidive, 10.000 fr. pour infraction à l'art. 21 ; amende de 10.000 à 15.000 francs ; emprisonnement de 6 jours à 2 ans, en cas d'infraction à l'art. 11.

Le projet prévoit encore la constitution d'un Conseil administratif et disciplinaire, composé pour un tiers de *fonctionnaires les plus élevés en grade*, pour un tiers *de membres désignés par le Ministre* et pour un tiers de représentants élus par le personnel.

« La bride, le baillon, la cravache », voilà ce qu'on trouve dans le statut qu'on veut paternellement nous donner.

Nous le repoussons avec indignation. Nous ne voulons d'aucun statut ; nous voulons le droit commun et nous l'exigeront s'il le faut.

On peut nous frapper, on peut nous révoquer, on peut nous condamner, on ne réussira pas à nous faire taire, on ne pourra pas nous domestiquer. La persécution capitaliste et gouvernementale suscitera dans nos rangs des énergies nouvelles : à la place de tout militant brisé, il s'en trouvera des centaines, des milliers qui se dresseront devant les tyrans et les exploiteurs pour les obliger à laisser aux producteurs la place qui leur revient. Les inimaginables prétentions du pouvoir omnipotent seront réduites à leurs justes proportions. Les fonctionnaires, quoique timides, triompheront, s'ils savent y mettre le prix, de la bureaucratie tatillonne et de la réaction capitaliste.

FACI,

Secrétaire du Syndicat confédéré des Membres de l'Enseignement du département d'Oran, Secrétaire de la Section Oranaise de la Ligue des Droits de l'Homme.

Imprimerie D. HEINTZ et FILS, Oran.

www.ingramcontent.com/pod-product-compliance
Lightning Source LLC
Chambersburg PA
CBHW062323070726
47596CB00009B/2872